Émotions écrites

© Rédaction et mise en page du recueil, illustration et maquette de couverture : Benoît Houssier

Le Code de la propriété intellectuelle interdit les copies ou reproductions destinées à une utilisation collective. Toute représentation ou reproduction intégrale ou partielle faite par quelque procédé que ce soit, sans le consentement de l'Auteur ou de ses ayants cause est illicite et constitue une contrefaçon sanctionnée par les articles L335-2 et suivants du Code de la propriété intellectuelle.

Benoît Houssier

Émotions écrites

Pistes d'écriture
à explorer seul ou en ateliers

Avant-propos

Les émotions sont un mystère pour nombre d'entre nous. Il ne va pas toujours de soi de les exprimer clairement et avec justesse. C'est pourquoi il est intéressant d'explorer des moyens de nommer nos ressentis. L'écriture, par ses formes variées et ses sources infinies d'inspiration, offre de nombreuses ouvertures. Depuis 2014, j'anime des ateliers d'écriture avec des adultes et des enfants, et j'ai eu, à plusieurs reprises, l'occasion d'observer nos difficultés à trouver les mots pour représenter nos sentiments. Ce constat m'a donc incité à proposer des pistes pour faire émerger de nouvelles façons de décrire les sensations. Ces propositions d'écriture ont été pratiquées en atelier avec plusieurs groupes – merci à eux pour leur confiance et leur fidélité ! Ces expérimentations ont permis aux participants de partager leur sensibilité avec davantage de nuances et de précisions.

Cet ouvrage n'est pas un essai sur les émotions, leur psychologie ou leur physiologie, et n'a pas vocation à traiter le sujet avec exhaustivité. Il s'agit plutôt d'aller vers le subjectif, le ressenti personnel de chacun. Le but n'est pas non plus de soigner, bien que la pratique de ces propositions d'écriture révèle parfois des failles ou des questionnements, notamment lorsque des émotions dites déplaisantes sont abordées. En atelier, les troubles éventuels sont accueillis avec bienveillance, mais chaque participant reste libre d'approfondir ou pas les problématiques mises en lumière. Partager ses ressentis implique une certaine humilité, voire un peu d'autodérision, d'autant plus quand on observe ses parts d'ombre. Cependant, personne n'est obligé de lire ses productions. Par ailleurs, une des façons d'aborder les émotions avec légèreté est de le faire avec humour et poésie.

Parfois, il est plus facile de se lancer dans l'aventure à plusieurs. Mais il est aussi intéressant d'explorer ses sentiments en solitaire. Ces pistes d'écriture peuvent donc se pratiquer seul ou en groupe.

Il existe autant de façons d'animer un atelier d'écriture que d'animateurs. Ainsi, les propositions de ce recueil ont été abordées en groupe dans un ordre proche de celui qui est présenté ici. Rien ne vous oblige à suivre cette progression si vous souhaitez explorer ces pistes. Sentez-vous libre de piocher dans les pages au gré de vos envies et de vos intuitions. En pratiquant seul, la question se pose moins, mais si vous faites écrire d'autres personnes, pensez à vous interroger sur l'impact que pourra avoir sur l'écriture l'ordre dans lequel vous choisirez d'organiser vos séances.

Enfin, si les émotions sont bien réelles, elles peuvent alimenter également notre imaginaire, voire rejoindre nos rêves. Aussi, ce recueil propose-t-il des pistes d'écriture autour des rêves et du voyage, du mouvement, du passage de l'hiver au printemps, de la métamorphose… et invite à d'autres expériences à la rencontre de nos émotions.

À toutes celles et ceux avec qui je partage
tant d'émotions à écrire.

Comme tu es heureux, enfant,
toi qui, assis dans la poussière,
t'amuses toute la matinée
avec un bout de branche cassée.

Rabindranath Tagore

Écriture spontanée

Un des moyens de ressentir ses émotions avec précision est de laisser s'exprimer notre enfant intérieur. Ce petit nous-même a, en effet, souvent l'esprit joueur et se lance volontiers dans des explorations sans peur et sans reproche. Un adulte trouvera peut-être abrupte de commencer par laisser sa plume écrire ce qui lui passe par la tête, mais, porté par cet esprit de découverte, il pourra récolter des éléments utiles par la suite.

Si vous souhaitez vous mettre en condition, prenez le temps de respirer à pleins poumons deux ou trois fois. Étirez-vous, effectuez tous les mouvements qui vous semblent utiles pour vous détendre. Fermez éventuellement les yeux.

Vous pouvez également tester cette proposition sans préparation particulière, ou avec de la musique, en marchant, etc.

Laissez, pendant quelques instants, votre esprit vagabonder…

Au bout d'un moment que vous jugerez suffisant – quelques secondes à quelques minutes suffisent, selon les individus – listez des pensées, notez des sons, des formes, des parfums, des textures, des couleurs, des saveurs qui vous viennent de l'intérieur. C'est une récolte sensorielle issue d'une balade en vous-même.

Pendant ou après votre exploration, laissez votre main tracer sur la feuille des lettres, des mots, des phrases, sans vous préoccuper du sens. Cette écriture peut occuper différentes parties de la page, de façon ordonnée ou non, suivant les lignes ou pas, etc. voire dessiner des formes, des contours.

Vous pouvez ensuite – ou une autre fois – vous concentrer sur une émotion ressentie à l'instant où vous expérimentez cette proposition.

L'écriture spontanée permet d'écrire aussi librement que possible ce qui nous traverse, dont nos émotions, sans jugement.

Si vous souhaitez partager le fruit de votre recherche, vous pouvez organiser votre texte autour des termes suivants :

- je vois…
- je sens…
- j'entends…
- je touche…
- je goûte…

- au commencement j'étais (forme)…
- maintenant je suis (couleur)…
- demain je serai (parfum)…

Cette dernière liste peut aussi alimenter la production d'un autoportrait autour des émotions qui permet de se présenter de façon originale et d'entrer dans l'imaginaire :

- Si j'étais une émotion, je serais tel paysage, j'aurais telle couleur, ma musique serait… tel objet me représenterait, mon parfum serait… je serais d'humeur…

Vous pouvez par ailleurs conserver les éléments que vous avez notés, sans les organiser, et considérer cette matière première comme une source dans laquelle vous pourrez venir puiser plus tard pour écrire autour des émotions que vous avez explorées.

La valse des émotions

Afin d'enrichir votre récolte précédente, vous pouvez partager votre collection avec d'autres.

Chaque participant dispose d'une feuille A4 divisée en trois parties égales, 1,2,3, 1,2,3, comme une valse d'émotions !

Chacun écrit un mot par case – un terme en lien avec une émotion – et passe au voisin de gauche au bout de 30 secondes.

Puis chacun dit un nouveau mot à chaque case, en même temps qu'il l'écrit, éventuellement inspiré de ce qu'il lit dans la case.

Ensuite on passe au voisin… et chaque feuille passe dans les mains de tous les participants.

Au final, on obtient une liste de mots liés aux émotions pour alimenter la pioche commune. C'est un bon moyen d'affiner collectivement le vocabulaire de chacun. Ces éléments collectés pourront nourrir vos productions futures autour des émotions.

Sentiments surréalistes

Pour jouer avec les émotions, et produire des images originales dans la lignée des surréalistes, proposez à quelques personnes d'écrire lisiblement – car les mots seront lus par un autre – un sentiment ou une émotion sur un papier.

Chacun plie son papier pour cacher ce qu'il a écrit et le passe au voisin qui ne regarde pas le mot caché.

En dessous, il ajoute un adjectif, plie et passe au voisin.

Ce dernier, sans regarder ce qui est caché, ajoute « comme », puis un nom d'objet ou d'animal, et passe au participant suivant.

Tous les participants découvrent ce qui est écrit sur leur papier, par exemple :

JOIE

BRÛLANT

COMME UN POISSON VOLANT

Enfin, chacun offre à haute voix ce sentiment surréaliste à son voisin, par exemple :

Ta joie est brûlante comme un poisson volant

Écrire au présent

Un bon moyen de se mettre en condition pour écrire à partir de ses émotions est d'écrire au présent.

Voici justement un texte que j'affectionne particulièrement, écrit par le poète chilien Pablo Neruda en 1955 : Ode au présent

Ce
présent
lisse
comme une planche,
frais,
cette heure-ci,
ce jour
comme une coupe neuve
– du passé
pas une seule
toile d'araignée –,
nous touchons
des doigts
le présent,
nous en taillons
la mesure,
nous dirigeons
son flux,
il est vivant
et vif,
il n'a rien
d'un irrémédiable hier,
d'un passé perdu,
il est notre
créature,
il grandit
en ce
moment, le voici portant
du sable, le voici mangeant
dans notre main,

attrape-le,
qu'il ne nous glisse pas entre les doigts,
qu'il ne se perde pas en rêves
ni en mots
saisis-le,
tiens-le
et commande-lui
jusqu'à ce qu'il t'obéisse,
fais de lui un chemin,
une cloche,
une machine,
un baiser, un livre,
une caresse,
taille sa délicieuse
senteur de bois
et fais-t'en
une chaise,
tresse-lui
un dossier,
essaie-la,
ou alors
une échelle !
Oui,
une échelle,
monte
au présent,
un échelon
après l'autre,
les pieds
assurés sur le bois
du présent,
vers le haut,
vers le haut,
pas très haut,
assez
pour
réparer
les gouttières
du plafond,

pas très haut,
ne va pas au ciel,
atteins
les pommes,
pas les nuages,
ceux-là
laisse-les
passer dans le ciel, s'en aller
vers le passé.

Tu
es
ton présent,
ton fruit :
prends-le
sur ton arbre,
élève-le
sur ta
main,
il brille
comme une étoile,
touche-le,
mords dedans et marche
en sifflotant sur le chemin.

Écrivez votre propre ode au présent en vous inspirant de la forme de ce poème.

Entre ce que le présent évoque à l'auteur et ce qu'il observe, le texte se déroule au fil d'une liste d'éléments qui s'enchaînent, en suivant une trame rythmée de mots et de courtes phrases, énoncés comme une lente litanie.

Laissez-vous porter par cette progression qui va du passé au futur, toujours centrée sur cette quête d'insouciance, offerte par le vécu de l'instant.

Les parfums sont les sentiments des fleurs.

Heinrich Heine

Photolangage de printemps

Le printemps, période de changement, est un moment propice pour aller de soi vers le monde. C'est une période idéale pour jouer avec les émotions.

Rassemblez quelques images évocatrices du printemps et proposez aux participants d'en piocher une.

Invitez chacun à s'exprimer en commençant chacune de ses phrases par :

- je suis un printemps comme ci…
- je suis un printemps comme ça…

Partir en balade

Offrez-vous une pause avec un proche dans un endroit arboré, un parc ou une forêt. Observez la nature autour de vous, notamment les bourgeons. Tout est prêt dedans, en germe : tige, feuille, fleur et fruit. Marchez éventuellement pieds nus pour ressentir davantage ce qui vous entoure.

Conscient de ces éléments, guidez celui ou celle qui vous accompagne à la rencontre d'un arbre. L'autre a les yeux fermés, voire porte un bandeau – prenez-en grand soin, soyez prudent. Arrivés à l'arbre de votre choix, laissez-lui le temps de faire connaissance, le toucher, en saisir la taille, la hauteur des branches, etc. Puis retournez en silence à votre point de départ. Enfin, inversez les rôles. L'autre vous guide alors vers un autre arbre.

Décrivez chacun la rencontre avec votre arbre. Pensez à évoquer vos sensations, au-delà des aspects physiques de l'arbre.

Marcher pour ressentir

La marche est une manière de se connecter à ses sensations. On ressent les éléments, on évolue au rythme de nos pas, on visite des lieux, on fait des rencontres, etc. Autant d'expériences porteuses d'émotions.

Raymond Queneau, dans le poème suivant, évoque ce paradoxe entre l'envie d'explorer et la peur de ce que peut provoquer ce choix.

Le voyageur

Je marcherai longtemps sur la route immobile
sans me faire de bile en marchant très longtemps
j'arriverai peut-être aux portes de la ville
en restant immobile et pourtant en marchant

M'arrêtant un peu las aux portes de la ville
je regarderai lors les murailles longtemps
avant de me risquer dans ses rues infertiles
où m'attendent geignards ses rusés commerçants

Dans un hôtel miteux je nettoierai mes bottes
dans un snack incertain je mangerai du pain
puis je me coucherai en attendant les aubes
en rêvant de ces pas qui ont fait mon chemin

Sans marcher plus longtemps me tenant immobile
sans me faire de bile éveillé ou dormant
je quitterai peut-être une certaine ville
où j'allai un beau jour immobile restant

Sur l'horizon plaintif jetant un dernier souffle
j'éteins la calebombe et son ultime lueur
je n'ai jamais bougé Tout être se boursoufle
lorsqu'il veut s'agiter au-delà de sa peur

Inspirez-vous de la liberté de Queneau à jouer avec le rythme, les répétitions et les rimes pour rédiger un texte évoquant les sensations provoquées par la marche, le voyage, le déplacement.

Quitter l'hiver

Établissez une liste de souvenirs et de sensations liés à l'hiver.

Ensuite, listez des rêves de printemps, des souhaits, des désirs.

Enfin, écrivez un texte qui relie vos émotions hivernales et vos projections printanières, en commençant par :
si j'étais une graine…

Ménage de méninges

On dérange tout ! On brade les codes !

Avant d'explorer cette piste d'écriture, faites quelques mouvements, respirez, soufflez, sentez votre corps s'ouvrir et se fermer, votre cœur palpiter, la sève monter.

Puis lisez ce sonnet de Rimbaud.

Voyelles

A noir, E blanc, I rouge, U vert, O bleu : voyelles,
Je dirai quelque jour vos naissances latentes :
A, noir corset velu des mouches éclatantes
Qui bombinent autour des puanteurs cruelles,

Golfes d'ombre ; E, candeurs des vapeurs et des tentes,
Lances des glaciers fiers, rois blancs, frissons d'ombelles ;
I, pourpres, sang craché, rire des lèvres belles
Dans la colère ou les ivresses pénitentes ;

U, cycles, vibrements divins des mers virides,
Paix des pâtis semés d'animaux, paix des rides
Que l'alchimie imprime aux grands fronts studieux ;

O, suprême Clairon plein des strideurs étranges,
Silences traversés des Mondes et des Anges :
– O l'Oméga, rayon violet de Ses Yeux !

Nul ne sait vraiment si Rimbaud associe réellement chaque voyelle à un sens symbolique ou si le poète s'amuse seulement ! Suivons cette deuxième option et jouons avec les voyelles en les associant à une émotion : colère, joie, peur, tristesse, confiance, surprise, dégoût…

À fleur de peau

Nos émotions s'expriment bien souvent malgré nous, à notre corps défendant. Que l'on soit à fleur de peau ou un peu soupe au lait, observer les manifestations de communication non verbale qui nous échappent peut nous inspirer pour décrire nos ressentis.

Dans le texte suivant, Ghérasim Luca nous embarque dans une conversation étonnante…

Prendre corps

Je te flore
tu me faune

Je te peau / je te porte / et te fenêtre
tu m'os / tu m'océan / tu m'audace / tu me météorite

Je te clé d'or / je t'extraordinaire / tu me paroxysme

Tu me paroxysme / et me paradoxe / je te clavecin / tu me silencieusement / tu me miroir / je te montre
Tu me mirage / tu m'oasis / tu m'oiseau / tu m'insecte / tu me cataracte

Je te lune / tu me nuage / tu me marée haute / je te transparente / tu me pénombre / tu me translucide / tu me château vide / et me labyrinthe / Tu me parallaxe / et me parabole / tu me debout / et couché / tu m'oblique
Je t'équinoxe / je te poète / tu me danse / je te particulier / tu me perpendiculaire / et sous pente
Tu me visible / tu me silhouette / tu m'infiniment / tu m'indivisible / tu m'ironie

Je te fragile / je t'ardente / je te phonétiquement / tu me hiéroglyphe
Tu m'espace / tu me cascade / je te cascade / à mon tour

mais toi
tu me fluide

tu m'étoile filante
tu me volcanique
nous nous pulvérisable
Nous nous scandaleusement / jour et nuit / nous nous aujourd'hui même / tu me tangente / je te concentrique
Tu me soluble / tu m'insoluble / en m'asphyxiant / et me libératrice / tu me pulsatrice

Tu me vertige / tu m'extase / tu me passionnément / tu m'absolu / je t'absente / tu m'absurde

Je te narine je te chevelure / je te hanche / tu me hantes / je te poitrine / je buste ta poitrine puis te visage / je te corsage / tu m'odeur tu me vertige / tu glisses / je te cuisse je te caresse / je te frissonne / tu m'enjambes / tu m'insupportable / je t'amazone / je te gorge je te ventre / je te jupe / je te jarretelle je te bas je te bach / oui je te bach pour clavecin sein et flûte / je te tremblante / tu me séduis tu m'absorbes / je te dispute / je te risque je te grimpe / tu me frôles / je te nage / mais toi tu me tourbillonnes / tu m'effleures tu me cernes / tu me chair cuir peau et morsure / tu me slip noir / tu me ballerines rouge / et quand tu ne haut talon pas mes sens / tu les crocodile / tu les phoques tu les fascines / tu me couvres / je te découvre je t'invente / parfois tu te livres / tu me lèvres humides / je te délivre je te délire / tu me délires et passionnes / je t'épaule je te vertèbre je te cheville / je te cils et pupilles / et si je n'omoplate pas avant mes poumons / même à distance tu m'aisselles / je te respire / jour et nuit je te respire / je te bouche / je te palais je te dents je te griffe / je te vulve je te paupière / je te haleine / je t'aine / je te sang je te cou / je te mollets je te certitude / je te joues et je te veines / je te mains / je te sueur / je te langue / je te nuque / je te navigue / je t'ombre je te corps et te fantôme / je te rétine dans mon souffle / tu t'iris

je t'écris
tu me penses

Porté par la langue réinventée et sensuelle de ce poème, écrivez ce qui vient de vous, tout simplement.

Au besoin, cette production peut être alimentée par une première étape : observez vos comportements, vos attitudes, votre langage corporel. Notez les formes et les mouvements de ce vocabulaire. Vous pouvez associer ces mots à des termes du même champ lexical ou les remplacer par un synonyme plus original.

Éclosion d'émotions

Les émotions sont comme les bourgeons qui s'ouvrent au printemps, elles éclosent parfois lentement. Observez alors leurs premières feuilles et les premières fleurs. En cas d'éclosion explosive, nous sommes submergés par un feu d'artifice d'émotions !

Afin de tenter d'observer vos ressentis progressivement, voici trois pistes à pratiquer à un rythme végétal :

- ce qui me porte/ce qui me pousse
  listez vos idées liées à ce qui vous porte et vous pousse, puis rédigez un texte commençant par :
  « si je naissais aujourd'hui, je voudrais… »

- ce à quoi j'aspire / les fruits que j'aimerais porter
  listez vos idées liées à vos projets et vos désirs, puis rédigez un texte commençant par :
  « voici mes fruits… »

Dans les replis de la créativité

De la même manière que toutes les parties des plantes sont en germe dans la graine, fouillez les couches, traversez les strates et jouez avec les empilements dans vos textes :

- choisissez un de vos textes précédemment écrits

- pliez, dépliez et repliez le texte. Faites-le vraiment, physiquement, jouez avec votre feuille en lui donnant la forme d'un accordéon, d'un éventail (horizontalement, verticalement)

- observez les mouvements, les répétitions, le ressac de votre prose… et si vous écriviez un texte intitulé renaissance ?

Portrait métaphorique

Les explorations surréalistes, comme celles proposées avec la piste *Sentiments surréalistes*, p13, produisent en général des images inattendues. Dans cet esprit, et à partir de la matière récoltée en écriture spontanée au cours de *La valse des émotions*, p12, ou de vos autres productions précédentes, composez un texte métaphorique autour d'une émotion.

Pour mémoire, les images sont des figures de style jouant avec la comparaison – incluant « comme » – les métaphores s'en affranchissent. Par exemple : « il est doux comme un agneau » est une image / « C'est un agneau » est une métaphore.

Pépites

Replongez-vous dans les textes que vous avez précédemment écrits autour des émotions, notez un sentiment, un état… et relevez les pépites de vos productions. Ne conservez qu'un mot, une ou deux idées. Puis produisez un nouveau texte à partir de ces éléments.

Métamorphose

Si le printemps est une métaphore de la renaissance, du triomphe de la vie, il symbolise aussi, sans doute, le passage de la mort à la vie, la métamorphose. Quelle est votre vision de la métamorphose ? Vers quoi vous porte le printemps, la renaissance, la métamorphose ?

Morphologie de la métamorphose - Ghérasim Luca

C'est avec une flûte
c'est avec le flux fluet de la flûte
que le fou oui c'est avec un fouet mou
que le fou foule et affole la mort de

La mort de la mort de
c'est l'eau c'est l'or c'est l'orge
c'est l'orgie des os
c'est l'orgie des os dans la fosse molle
où les morts flous flottent dessus
comme des flots

Le fou est ce faux phosphore qui coule
phosphore qui cloue la peau du feu
aux eaux aux flots de la porte
alors que la mort de la mort
de la mort morte et folle
n'est que le lot le logis de la faute
qui fausse la logique de loup doux
de la forme
de la forme en forme de mot en forme de mort
en forme de phosphore mort
qui flotte au-dessus de la fausse forme
c'est le loup du faux cette forme
le faux loup qui fait qui ferme
les fausses portes
qui coule sous la fausse faute
et qui fout qui fout qui fouette
la peau d'eau de la mort

La mort la mort morte en faux
en forme de flot qui flotte
au cou de la forme
eau forte et phosphore doux
âme molle de l'effort de l'or
de l'or mou de l'amorphe

La logique de l'amorphe
fouette et foule l'analogie folle
elle la fouette dans sa fausse loge
qui est en or comme
en or comme l'horloge qui orne
le logis d'un mort

Mais le mort le mot d'or d'ordre
le mot le mot d'or d'ordre
de la mort de la mort
c'est mordre c'est mordre les bornes de la forme
et fondre son beau four dans le corps de la femme

Feu mèche et fouet
la femme fourchette le refus du monde
flamme qui monte haut très
très haut et en or
hors de l'horloge très elle se montre
hors de l'horloge des formes très
et hors du mètre
qui ferme et qui borne les ondes
Tache molle aimée et mince
mince et mauve
sur un faux fond or
orange et oblong

La mort longe le mélange des formes
mais le mort le faux mort le mot
le métamort faux
fausse la métamort fausse et amorphe
il fausse la métamorphose de la mort
la morphologie de la mort folle et amorphe

la morphologie longue longue et amorphe
mort folle de la faute
faux fouet de l'effort qui flotte
reflux d'une horloge qui s'écroule et remonte
fausse métamorphose d'une vraie porte en or
et de l'or en faux phosphore
flou comme les flots du cou
et rond comme un mètre long long
comme un mètre de trois mètres blonds
fou qui montre au clou une fausse orange folle
et au loup le faux logis de la flûte
morphologie de la folle de la follement aimée
de la bien-aimée affolante
dans sa peau affolante
la fausse fourchette affolante du phosphore analogique
et c'est ainsi que la mort est bien morte
elle est bien morte la mort
la mort folle la morphologie de la
la morphologie de la métamorphose de l'orgie
la morphologie de la métamorphose de

Inspirez-vous du « bégaiement » de Ghérasim Luca, de la *répétition-répétitive* de ses mots qui s'enchaînent, les uns dans les autres, pour écrire votre propre métamorphose.

Roue des émotions

Pour celles et ceux qui, à ce stade, souhaitent enrichir encore leur vocabulaire pour exprimer leurs ressentis, voici la Roue des émotions de Robert Plutchik, professeur et psychologue américain (1927-2006).

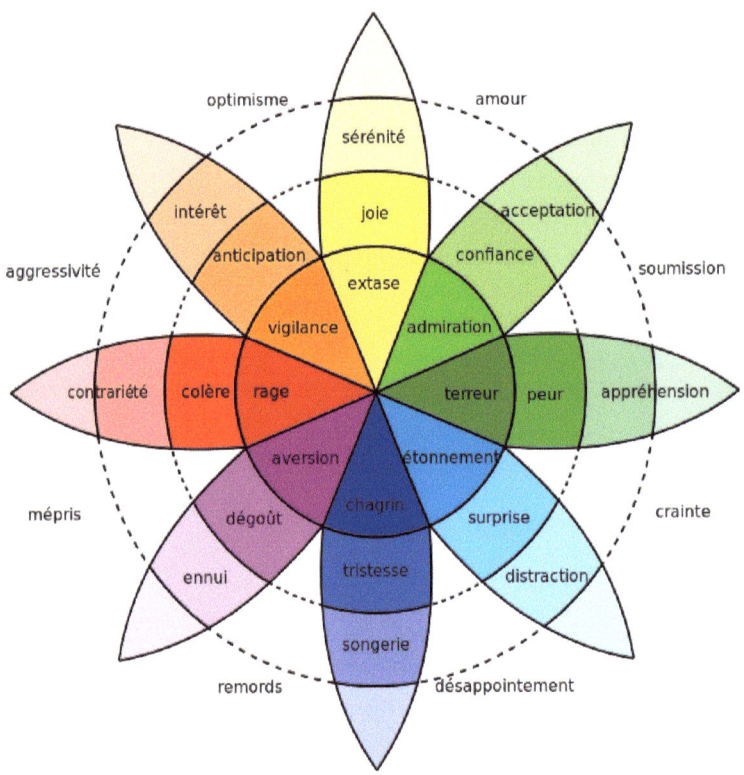

Cette présentation schématique des principales émotions – colère, joie, peur, tristesse – et des émotions associées, peut offrir une base de vocabulaire commun.

Les pistes d'écriture des pages suivantes explorent certaines de ces sensations ; chacun pourra visiter les sentiments qui l'intéressent au moment de jouer avec ces propositions d'écriture.

Amour

- Lisez le poème de Jacques Prévert, Alicante

Une orange sur la table
Ta robe sur le tapis
Et toi dans mon lit
Doux présent du présent
Fraîcheur de la nuit
Chaleur de ma vie.

À l'image de ce texte inspiré par des éléments du quotidien, écrivez une courte scène de vie avec une personne dont vous partagez l'intimité.

- J'ai composé le texte ci-dessous en suivant le principe d'écriture d'une chanson, sur un rythme de bossa nova.

Si un jour
la vie m'arrache à moi
je reviendrai pour toi
souffler mes mots doux
aux feux épicés de nos forges
malaxer nos âmes aux vibrations sourdes
de nos gorges
sculpter mes paroles dans ta chair
ma belle étrangère

Si un jour
la vie m'enlise en moi
je reviendrai bondir en avant
attaché à mes souvenirs décoller goéland
ancré dans mes racines sous-marines
nos corps se lieront encore
hauts piliers incorruptibles
et fiers même morts

Si un jour
la vie m'égare de moi
je reviendrai rêver de toi
écouter ton joli cœur
palpiter dans le mien
imaginer des mondes insensés et aériens
tes rires chatouiller ma raison
respirer nos passions

Si un jour
l'amour te quitte de moi
tu t'envoleras
je ne te retiendrai pas
tu peux compter sur moi
tant que mes ailes se déploieront je décollerai
j'atterrirai là où mon plaisir sera partagé

Si un día
el amor te deja de mí
te irás volando
no te retendré
puedes contar conmigo
mientras mis alas se desplieguen despegaré
aterrizaré allí donde mi placer será compartido

Porté par votre propre rythmique, composez un texte de chanson d'amour commençant par *si un jour*.

La répétition du dernier couplet dans une autre langue n'est pas obligatoire bien sûr !

- Avant de lire le poème suivant de Jacques Prévert, listez ce que vous apporte une personne que vous aimez, ce que vous lui offrez, énumérez vos partages.

Pour toi mon amour

Je suis allé au marché aux oiseaux
Et j'ai acheté des oiseaux
Pour toi
Mon amour
Je suis allé au marché aux fleurs
Et j'ai acheté des fleurs
Pour toi
Mon amour
Je suis allé au marché à la ferraille
Et j'ai acheté des chaînes, de lourdes chaînes
Pour toi
Mon amour
Et puis, je suis allé au marché aux esclaves
Et je t'ai cherchée
Mais je ne t'ai pas trouvée
Mon amour

À partir des éléments que vous avez notés avant de lire le poème et en vous inspirant de ce dernier, rédigez un texte court lié au doute, à l'attachement.

- Inspiré par les textes que vous avez produits autour de l'amour, explorez les deux pistes suivantes :

Écrivez une lettre d'amour.

Rédigez un texte répondant à la question : qu'y a-t-il au-delà de l'amour ? Et au-delà de l'horizon ?

La couleur de l'impatience

Elle est noire l'impatience
elle bouche tout
retarde tout
freine des quatre fers
en l'air
Nous le pompe
l'air
Peint tout en gris
dégoûte de tout
des gouttes de pluie
Oubliée la paix
d'un rayon de soleil sur les blés
Attente frustrée d'une caresse
le long de l'été

Qu'elle crève l'impatience
la gueule ouverte
Gorge sèche
pleine de chiendent

Et que revienne le goût du temps
cette saveur sucrée de fruits
cuisant dans de grosses marmites
Le bleu des jours heureux partagés
le scintillement des flots dans tes yeux
les flonflons les paillettes
le souffle chantant des bambous
les soirs de printemps

Qu'elle revienne l'impatience
on l'attend
Prêts à en découdre
Des flèches de figues lancées
à ses trousses
Des paquets de mer salés à souhait
des brassées d'embrassades
prêtes à la maîtriser

À terre l'impatience
Ficelée de faisceaux de présent
sans lendemain

L'impatience est une larme
qui s'empresse de couler
de peur de sécher avant de tomber
sur la fleur qu'elle rêve d'arroser

J'ai composé ce texte pour jouer avec l'impatience et la frustration. À votre tour, listez les idées que vous évoquent ces états désagréables. Puis commencez par « Et que revienne le goût du temps », et intégrez à votre texte « Le souffle chantant des bambous les soirs de printemps ».

Absence

- Le grand départ : vous accompagnez un ami sur le quai pour un grand voyage, comment lui dites-vous au revoir ? Inspirez-vous éventuellement du texte suivant.

Je t'attendrai sur le quai
Chaque fois que tu partiras
Chaque fois que je reviendrai
Je t'attendrai sur le quai

Je t'attendrai sur le quai
Pour te dire combien je t'aime
Combien tu me manques
Lorsque tu es si loin de moi
Combien tu me combles
Lorsque je te sens tout près juste là

Je t'attendrai sur le quai
Pour être sûr de te retrouver
Aller encore à ta découverte
Écouter tes aventures
Te raconter les miennes
Mélanger les parfums glanés au fil de nos explorations
Tisser des toiles de souvenirs
Pour épicer nos discussions

Je t'attendrai sur le quai
Pour shooter dans la routine
Nous laisser aller et venir
Pour vérifier qu'on peut encore se reconnaître
Goûter ce pincement du départ
Et ce picotement du retour

Je t'attendrai sur le quai
Pour t'aider à porter tes valises
Ou t'enrichir de ce que je rapporterai dans les miennes

Et danser ensemble
De nouveaux rythmes
Inspirés de ces lieux visités
De ces voix entendues
De ces rencontres inattendues

Je t'attendrai sur le quai
Chaque fois que tu partiras
Chaque fois que je reviendrai

- De même que le texte qui suit utilise le refrain comme une répétition lancinante du poids de l'absence, composez un texte à l'intention d'une personne que vous aimez, en commençant par : ton absence me…

Quelques notes de piano
Répondent aux accents chauds d'un violoncelle
Cette barrette dans tes cheveux
Et si la mélancolie gardait tout pour elle

De longues gouttes sur les carreaux
Des nuages à la traîne
Ton parfum dans le col de mon manteau
Qui me chuchote des je t'aime

Ton absence m'écartèle
Les bras m'en tombent
Laissant vides mes manches
Sans écho à mes appels

Des moulins qui valsent
Les assauts d'un Don Quichotte
Pourquoi lutter chercher des crosses
Quand la solitude prend toute la place

Nos souvenirs qui s'éparpillent
Sur les rives d'un monde à l'autre
Des samedis sans dimanches
Mes mains sans tes hanches

Ton absence m'écartèle
Les bras m'en tombent
Laissant vides mes manches
Sans écho à mes appels

Je m'enfouis sous cette chape
Le plomb du ciel le poids du roc
Je croule quand tu m'échappes
Épuisé sous le choc

Finis les ricochets le caillou coule
Quelques bulles à la surface
De nos ébats rappellent la trace
Ta peau douce sous ma pierre qui roule

Ton absence m'écartèle
Les bras m'en tombent
Laissant vides mes manches
Sans écho à mes appels

Le cours de notre histoire se fige
Une épaisse couche de glace m'ensevelit
Plus aucun son ne sort de nos bouches
La distance fait taire nos vies

Soudain un rayon me dégèle
Tu es là je fonds je m'évapore
Tu me sublimes
Le ciel s'ouvre et l'aube resplendit

- À la suite de ces textes assombris par l'absence, rédigez un texte de forme libre sur la lumière.

Tristesse

- Solitude au cube

  J'ai composé le texte suivant pour expérimenter la lecture à trois voix et amplifier la sensation d'aller toucher le fond ! La 1ère version est assez impersonnelle, le 2e utilise le je, première personne du singulier, la 3e version emploie le tutoiement et semble s'adresser au lecteur. La lecture séparée de ces trois versions du même texte provoque des sensations différentes, mais un sentiment général de tristesse envahit souvent l'auditoire. Vous pouvez également trouver deux lecteurs pour tenter une lecture polyphonique, comme une litanie psalmodiée à trois lecteurs. La répétition de certains passages ou leur distinction crée aussi des ressentis particulièrement sombres.

Solitude #1
Vide profond
Sans fond
Immensité affamée
Île désolée au milieu d'un océan d'amour
Vide sans fin
Déluge d'impatience
Pluie de vinaigre
Gouffre déchiré entre douceur et silence
Vide puissant
Appel à la chute
Personne ne répond
Grincement de mâchoires et cliquetis d'os
Vide sans raison
Cœur sec
Froid gris
Matin chagrin
Vide seul
Sans même un autre vide à qui parler

Écho d'une larme sans fin
Lame dans le dos
Vide de sang
Marée rouge
Plumes engluées
Becs cinglants
Vide feutré
Étroitesse capitonnée
Des fourmis dans le cerveau
Les doigts gourds
Vide sourd
Esprit lourd
Âme oubliée
Corps embourbé
Vide de plomb
Rien dans le crâne
Des clous dans les poches
À se mettre en croix
Vide quoi
Tu vois pas
T'es qui toi pour me parler comme ça
Rentre chez toi
Vide ordure
Déchet de société
Rebut au rabais
Du balai le boulet
Vide sans toi
Malgré lui et eux
Et tout ça tout ça
Comme un pincement au creux du foie
Vide tes entrailles
Pas de quoi se mettre la rate au court-bouillon
Te fais pas de bile
T'as vraiment rien dans l'estomac
Vide comme un orphelin
T'es où papa
Tu cherches ton père
Ta mère te manque
Vide plein

Pourtant pas à se plaindre
Alors pourquoi
Dieu y pourvoira
Vide sans voix
La foi au ras des pâquerettes
Je m'aime un peu beaucoup
Et vous
Vide de tout
Plus rien dans le buffet
T'as toujours été une lopette
Pas demain que ça va changer
Vide de courage
Prends-le à deux mains
Dès aujourd'hui
Et tabasse ta solitude
À coups de vide

Solitude #2
Je me vide profondément
Sans fond
Dévoré par une immensité affamée
Naufragé sur une île désolée au milieu d'un océan d'amour
Je me vide sans fin
Dans un déluge d'impatience
Sous une pluie de vinaigre
Sombrant dans un gouffre déchiré entre douceur et silence
Je me vide puissamment
Appelé par la chute
Personne ne me répond
Seuls résonnent des grincements de mâchoires et des cliquetis d'os
Je me vide sans raison
J'ai le cœur sec
Froid et gris
Matin chagrin
Je me vide seul
Sans même un autre vide à qui parler
Trempé par l'écho d'une larme sans fin

Une lame dans le dos
Je me vide de mon sang
Marée rouge
Plumes engluées
Becs cinglants
Je me vide à pas feutrés
Dans une étroitesse capitonnée
Des fourmis dans le cerveau
Les doigts gourds
Je me vide sourdement
L'esprit lourd
L'âme oubliée
Le corps embourbé
Je me vide comme du plomb
Sans plus rien dans le crâne
Des clous dans les poches
À me mettre en croix
Je me vide quoi
Tu vois pas
T'es qui toi pour me parler comme ça
Rentre chez toi
Je me vide ordure
Déchet de société
Rebut au rabais
Du balai le boulet
Je me vide sans toi
Malgré lui et eux
Et tout ça tout ça
Comme un pincement au creux du foie
Je me vide de mes entrailles
Pas de quoi se mettre la rate au court-bouillon
Je me fais pas de bile
J'ai vraiment rien dans l'estomac
Je me vide comme un orphelin
T'es où papa
Tu cherches ton père
Ta mère te manque
Je me vide pleinement
Pourtant je n'ai pas à me plaindre

Alors pourquoi
Dieu y pourvoira
Je me vide sans voix
La foi au ras des pâquerettes
Je m'aime un peu beaucoup
Et vous
Je me vide de tout
Plus rien dans le buffet
J'ai toujours été une lopette
Pas demain que ça va changer
Je me vide de mon courage
Je le prends à deux mains
Dès aujourd'hui
Et je tabasse ma solitude
À coups de vide

Solitude #3
Tu es vide
Profondément
Sans fond
Tu es une immensité affamée
Une île désolée au milieu d'un océan d'amour
Tu es un vide sans fin
Un déluge d'impatience
Une pluie de vinaigre
Un gouffre déchiré entre douceur et silence
Tu es vide
Puissamment
Appelé par la chute
Personne ne te répond
À part des grincements de mâchoires et des cliquetis d'os
Tu es vide sans raison
Ton cœur est sec
Froid et gris
Matin chagrin
Tu es vide
Et seul
Sans même un autre vide à qui parler

Tu baignes dans l'écho d'une larme sans fin
Une lame plantée dans ton dos
Tu te vides de ton sang
Marée rouge
Plumes engluées
Becs cinglants
Tu es vide
Feutrément
Serré dans une étroitesse capitonnée
Des fourmis crépitent dans ton cerveau
Tes doigts sont gourds
Tu es vide
Et sourd
Ton esprit est lourd
Ton âme est oubliée
Ton corps embourbé
Tu es vide
De plomb
T'as rien dans le crâne
Des clous dans les poches
Mets-toi en croix
Tu es vide quoi
Il voit pas
C'est qui lui pour te parler comme ça
Qu'il rentre chez lui
Tu es vide
Ordure
Déchet de société
Rebut au rabais
Du balai le boulet
Tu es vide sans elle
Malgré lui et eux
Et tout ça tout ça
Comme un pincement au creux du foie
Tu es vide sans entrailles
Pas de quoi se mettre la rate au court-bouillon
Te fais pas de bile
T'as vraiment rien dans l'estomac
Tu es vide

Comme un orphelin
Il est où ton papa
Il cherche son père
Sa mère lui manque
Tu es vide
Pleinement
Pourtant tu n'es pas à plaindre
Alors pourquoi
Dieu y pourvoira
Tu es vide
Sans voix
La foi au ras des pâquerettes
Tu t'aimes un peu beaucoup
Et eux
Tu es vide de tout
T'as rien dans le buffet
T'as toujours été une lopette
C'est pas demain que ça va changer
Tu es vide de courage
Prends-le à deux mains
Dès aujourd'hui
Et tabasse ta solitude
À coups de vide

Après avoir lu ces trois textes, écrivez votre propre version de la solitude.

- Tristesse encore

Le texte suivant joue avec une forme plus légère que les précédents, l'effet ritournelle, la comptine pour enfant. Le ton ironique est volontairement moqueur, comme pour conjurer le mauvais sort.

Pied de nez à qui vous savez

Un deux trois tiens la revoilà
Cette vieille ennemie intime
Avec du poil à gratter plein les poches
Toujours prête à faire ressurgir les mêmes histoires moches

De son œil borgne elle lorgne le monde en mono
Aspire à une vie sans relief
Sans texture
Fade et sans parfum
Figée dans des souvenirs Polaroid

De son autre œil mauvais
Elle jette un regard avide
Sur un avenir qu'elle espère revenu de son glorieux passé
Des lendemains vides
Tellement dénués de sens
Qu'elle-même reconnaîtrait sa fausse route si elle s'écoutait

Mais la tristesse est sourde
Un retour en arrière sonnerait comme un aveu
Ce serait le début de sa fin
Sans avant ni après
Elle ploierait face à la joie
Ce bonheur simple
Qui ne demande que ça

Qu'elle fuie
Qu'elle s'évapore

Qu'elle sombre dans l'oubli
Que la lumière la fasse fondre
Que sa saveur amère soit sublimée
Et que refassent surface
Les couleurs de ces plats si doux
Les textures tant aimées de l'instant

Tiens tiens tiens la revoilà
Cette méchante vieille carne
Toujours là où on l'attend
Souvent mal accompagnée
Mais la plupart du temps
Elle se suffit à elle-même
Un sourire à ses trousses
Prêt à lui botter les fesses
Sept huit neuf dans un panier neuf

Évoquez la tristesse à votre manière.

Peur

- Racontez le souvenir de la plus grande peur de votre vie ou votre pire cauchemar, façon travelling de cinéma.

- Vous pouvez aussi écrire un texte sur la mort… ou presque !

- Je vous invite à lire l'extrait ci-dessous de Ma terre est un fond d'océan, de Serge Lamothe – Mémoire d'encrier, 2016.

courage mon fils
l'eau monte immonde
mais la terre ne tremble plus
tout bagay fini atò[1]

tu crèves en direct
sur deux cent cinquante canaux
t'es juste une catastrophe humanitaire de plus
juste une tribune pour l'église de scientologie
un enfer pour les orphelins
un paradis pour les voleurs d'enfants

t'es sur la faille
t'es sur la paille
t'es en faillite tectonique

la crise tire sur sa faim
un peu d'eau, une ration militaire
la crise tire sur tout ce qui bouge

---

[1] En Créole haïtien : « C'est passé, l'épreuve est finie. »

prends ton barda, marche au pas
prends ton coutelas et vise bien le cœur

tu n'iras plus dans les îles, mon fils
Oncle Sam y a régné sans gloire
tu n'iras plus t'étendre sous les gravats
jouer de la harpe pour les démons blonds
tu ne décoléreras plus
It will be business as usual

les preachers arrivent dans leurs jets privés
les baguettes en l'air
la braguette à l'air
ils disent que tu devrais renier tes dieux
pour rencontrer jesus-qui-t'âme
et lui faire une place dans ton cœur

Yo di ou manje moun o
Kondyen moun ou manje ?
Tout sa ki di byen
Wa kite yo pase
Tout sa ki di mal
Tonè tonbe pou yo tonbe[2]

Inspiré par cet extrait, écrivez un texte sur la peur et la souffrance, commençant par « tu n'iras plus »

---

[2] Selon un chant créole haïtien : « Tu manges des gens, disent-ils / Combien en as-tu mangé ? / À ceux qui disent du bien / Tu céderas le passage / À ceux qui disent du mal / Que la foudre s'abatte sur eux. »

Colère

- La répétition au service du message… le texte suivant joue avec ce principe, pour insister sur le caractère insupportable de ce que provoquent les éléments énumérés.

ASSEZ

Assez
Assez de sang coulé
Assez de corps coulés
Assez d'hommes torturés
Assez de femmes battues
Assez d'enfants violés
Assez de peuples disséminés
Assez de foules mitraillées
Assez de rues en larmes
Pitié faites taire les armes
Assez de peur
Assez de colère
Assez de pleurs dans leur chair
Assez de pouvoir
Assez de territoire

ASSEZ !

Mon cœur pleure
Ma peau pleure
Mes ongles pleurent
Mes cheveux pleurent
Ma rivière pleure
Mes arbres pleurent
Ma terre pleure

Bientôt à sec
Bientôt en miettes
S'effrite
Pulvérisée de tristesse
Il faut que ça cesse
Cesser le feu
Assez d'or noir
Pour nous engluer
Tous collés au trottoir
Assez de plomb
Mes ailes se brisent
Que voulez-vous que je vous dise
Quelqu'un peu débrancher la prise
Changer de courant
Passer à l'alternatif
Stopper le massif
Alléger
Jouer collectif

Caresser
Doucement
Câliner
Tendrement
Adoucir
Le vent
Apaiser
Le feu
Embrasser
La foule
Assez de houle
Assez de tourment
Assez de toutes ses ombres aux enterrements
Plonger dans la vie
Un pour tous
Pas tous pourris
Assez de riz
Assez d'eau
Un pour tous
Pas tout pour dix

Un peu de ça
Un peu de ci
Un peu pour toi
Un peu pour lui
Assez d'air
Pour tous
Assez de temps
Pour tous
Assez d'espace
Pour tous
Assez de joie
Pour tous
Assez d'amour
Pour tous les jours
Assez

Assez pour
Que nos voix s'élèvent
Que nos corps deviennent violoncelles
Que nos esprits parlent aux hirondelles
Que nos âmes s'unissent dans un souffle

Un souffle pour anéantir le business des réfugiés
L'Histoire se souviendra-t-elle des limbes où ils sont oubliés ?
À quand la fin des camps ?

Inspirez-vous du texte ci-dessus pour écrire sur quelque chose dont vous ne voulez plus et que vous ne supportez plus.

- Établissez une liste de mots « dégueulasses ». Puis, lisez le texte suivant… si les grossièretés n'écorchent pas trop vos oreilles !

Putain fait chier j'en ai plein le cul ! Pourquoi ne pas s'autoriser plus souvent à lâcher ce genre d'exclamation ? Pour ne pas donner de mauvaises habitudes aux enfants, pour ne pas choquer nos semblables…

Il faut avouer que « Putain fait chier j'en ai plein le cul » est une expression particulièrement imagée et que chacun, selon ses représentations, interprétera ces mots de la manière qui lui convient

ou pas

scato

crado

j'en ai plein le dos

porterait moins à commentaires, mais cette forme plus policée perd de son charme et nous manque alors l'effet démultiplicateur et bienfaisant du gros mot.

La grossièreté m'écœure vite, surtout quand je l'entends de la bouche d'un autre. Pire encore, lorsqu'elle sort de la bouche d'une autre ! Et carrément insupportable quand elle s'associe à une agressivité crasse.

Pourtant c'est si bon de jurer ! Lâcher un bon vieux « et merde » de temps en temps, c'est comme se gratter là où ça démange quand on est tout seul, ou faire chanter un vent spontané qu'on aurait fait taire en société ! La honte du pet est-elle plus insupportable que le fait d'être surpris à perdre ses moyens en jurant comme un charretier ?

« Putain fait chier j'en ai plein le cul » est-il pire que « Crève charogne » ?

S'il y a des volontaires, je testerais bien l'idée de lieux dédiés à l'expression de gros mots : l'endroit serait équipé d'un appareil de mesure de la satisfaction de l'émetteur… Ce genre de dispositif réduirait-il les comportements sans courtoisie de certains automobilistes ? Un tel endroit aurait-il un impact sur les violences faites aux femmes ? Les gosses prendraient-ils moins de gifles ?

Putain fait chier j'en ai plein le cul de tous ces connards qui cognent leurs femmes !

Putain fait chier j'en ai plein le cul de tous ces fumiers qui violent des enfants !

Putain fait chier j'en ai plein le cul de tous ces enfoirés qui ne pensent qu'à leur petit pouvoir !

Putain fait chier j'arrête là cette liste de merde parce que je ne voudrais pas plomber l'ambiance ! Qu'ils aillent se faire soigner ces salopards, les psys c'est pas fait pour les chiens !

Merci pour votre attention et pardon pour les gros mots !

À votre tour, rédigez une chronique « coup de poing » en piochant des gros mots de votre liste initiale.

En route pour la joie

- Après avoir exploré la tristesse, la peur et la colère, le texte suivant est sans doute bienvenu pour celles et ceux qui souhaitent aborder les émotions agréables !

En route pour la joie
J'ai avalé l'océan
En moins de temps qu'il n'en faut pour dire zboing !
Puis j'ai trouvé des baumes
Pour apaiser les trop ceci et les pas assez cela

En route pour la joie
J'ai tourné à en vaciller du cœur
Et à ne plus entendre raison
Puis j'ai fait quelques pas de danse
Pour déjouer les tours de la vie

En route pour la joie
Je me suis ennuyé à trop répliquer
Alors j'ai éclaté de rire
Et tu as ramassé les petits bouts de moi dans tes bras
Pour me dupliquer dans une imprimante 3D

Inspiré par ce ton léger et un brin surréaliste, composez un texte libre sur une émotion plaisante de votre choix… pourquoi pas la joie ?

- C'est où le bonheur ?

Listez tout ce qui vous passe par la tête en pensant au bonheur. Puis écrivez un texte sur les origines du bonheur. Enfin, acrostichez le bonheur, c'est-à-dire, notez le mot bonheur à la verticale, puis, à partir d'éléments issus de votre texte, commencez chaque phrase par une lettre du mot. Vous pouvez aussi utiliser les lettres du mots dans les phrases, par exemple :

C'est une **B**onne chose

que d'av**O**ir du plaisir

mais **N**'est-il pas meilleur

de c**H**oisir avec qui le partager

bienheureux c**E**ux qui apprécient les joies simples

Un rien les contente

et illumine leu**R** visage d'un sourire contagieux

L'imaginaire n'est pas une fuite de la réalité,
c'est une façon de toucher la peau de la vérité
et d'atteindre une intimité plus juste avec la vie.

Arthur H

Vers l'imaginaire

Afin d'ouvrir la porte de l'imaginaire, complétez les phrases suivantes avec ce qui vous passe par la tête.

Si la vie m'attendait

Si je n'avais pas de maillot

Si ta peau s'envolait

Si je n'avais pas peur de la mort

Si le sol était liquide

Si les saules riaient

Si les cailloux roulaient

Si mes amis dansaient

Si la nuit était d'or

Ode à l'été

Complétez cette liste d'été : chouchous, beignets, tuba, coquillages et crustacés, parasol, palmes et masque…
Puis lisez le poème suivant.

Ode à l'été - Pablo Neruda

Été, violon rouge,
nuage clair,
un vrombissement
de scie
ou de cigale
te précède,
le ciel
voûté,
lisse, brillant comme
un œil,
et sous son regard,
été,
poisson du ciel
infini,
élytre mensonger,
paresseux
léthargie
petit ventre
d'abeille,
soleil endiablé,
soleil terrible et paternel,
suant
comme un bœuf au travail,
soleil sec
sur la tête
comme un inattendu
coup de gourdin
soleil de la soif
marchant
sur le sable,

été,
mer déserte,
le mineur
du soufre
se remplit
se remplit
de sueur jaune,
l'aviateur
parcourt
rayon par rayon
le soleil céleste,
sueur
noire
glisse
du front
aux yeux
dans la mine
de Lota,
le mineur
se frotte
le front
noir,
brûlent
les semailles,
crisse
le blé,
insectes
bleus
cherchent
ombre,
touchent
la fraîcheur,
submergent
la tête
dans un diamant.

Oh été
abondant,

charrette
de
pommes
mûres,
bouche
de fraise
dans la verdure, lèvres
de prune sauvage,
chemins
de légère poussière
sur la poussière,
midi,
tambour
de cuivre rouge,

et le soir
repose
le feu,
l'air
fait danser
le trèfle, entre
dans l'usine déserte
monte
une étoile
fraîche
dans le ciel
sombre,
crépite
sans brûler
la nuit
d'été.

Écrivez votre propre ode à l'été, à partir d'éléments issus de votre liste rédigée avant d'avoir lu le poème de Pablo Neruda.

Un menu de rêve

Parfois nos rêves rejoignent la réalité. Et si nos vies s'inspiraient de nos rêves ?

Établissez une liste d'ingrédients et les indications pour préparer votre menu.

Puis rédigez un texte de forme libre inspiré de ces éléments.

Questions-réponses surréalistes

Afin d'ouvrir notre créativité au-delà de nos représentations habituelles, jouer à plusieurs à ce jeu de questions-réponses.

Chacun écrit une question sur un papier, le plie et le passe au voisin. Le suivant écrit une réponse, sans avoir lu la question.

Vous pouvez commencer par *pourquoi* et *parce que*, mais parfois, lorsque les participants prennent des libertés, le résultat peut s'avérer étonnant, comme dans cet exemple :

Quand l'Homme cessera-t-il enfin de faire l'enfant ?

Quand je te trouverai joli et que tu auras un cœur en or et que tu feras entrer le soleil dans ma maison.

Au fil de la nuit j'ai rêvé

Pour poursuivre dans l'imaginaire et aller vers les rêves, écrivez une suite aux phrases suivantes :

Au fil de l'été j'ai entendu

Au fil du temps j'ai goûté

Au fil de la nuit j'ai rêvé

Au fil de mon âme j'ai senti

Où vont nos rêves ?

Où vont nos rêves ?
Croisent-ils quelque part au large de Madagascar ?
Histoire de décrocher une étincelle nostalgique
petite gousse de vanille magique.
Rêvent-ils eux-mêmes à des ailleurs sans limites ?
Des plaines douces et soyeuses comme des couches de voluptés
les accueillent bras ouverts
brasiers de bises embrasées
incandescences pour faire briller les yeux.
Les rêves n'ont pas d'ailleurs
ils n'ont pas d'ici non plus
à la fois là et plus
ils se faufilent insaisissables
telles des anguilles remontant la Garonne
après avoir appareillé depuis les Sargasses.
Les rêves se rient des cauchemars
qu'ils assassinent à coup de sarcasmes
sans masques ils avancent
fiers comme des maracas.

Lorsque le soleil se lève
ils tirent les rideaux
courent à-tire-larigot
s'envolent à tire d'ailes
se réfugier derrière des prunelles
non par peur du jour
juste pour semer des petites graines d'amour
sous des paupières qui auraient mal dormi.
Les rêves n'ont de cesse de titiller les cœurs endoloris
de réveiller les chevaliers les princesses
pour que les guerres cessent
et que la paix s'étale
telle une toile
sur laquelle un rêveur aurait révélé
au monde le secret des jours meilleurs.

Les rêves se nourrissent d'espoir
À moins que ce ne soit l'inverse
Et malgré la torture illuminent les heures les plus noires
Réapparaissent
S'accrochent
Résistent
Au large de Cape Town ou à Rangoon
Aucune cage ne peut enfermer un rêve
Les rêves ne connaissent pas de frontières

Les rêves voyagent librement des abysses au firmament
Parmi les étoiles ou dans des esprits fumants
Les rêves ne peuvent être captifs
Qu'un instant dans les lampes de bons génies créatifs
Qui pour une caresse
Illuminent de couleurs nos vies et nos cœurs
Pour que nos rêves jamais ne meurent

Après avoir lu ce texte, rédigez votre propre version d'une réponse à la question « où vont nos rêves ? » Vous pouvez vous inspirer de cette forme qui mêle voyage, mouvement, rêve et réalité, tout en personnifiant les rêves.

Le rêve en action

Établissez une liste de vos rêves nocturnes, de vœux et de souhaits qui vous passent par la tête, puis lisez ce texte de Ghérasim Luca, Le rêve en action.

La beauté de ton sourire ton sourire
en cristaux les cristaux de velours
le velours de ta voix ta voix et
ton silence ton silence absorbant
absorbant comme la neige la neige
chaude et lente lente est
ta démarche ta démarche diagonale
diagonale soif soir soie et flottante
flottante comme les plaintes les plantes
sont dans ta peau ta peau les
décoiffe elle décoiffe ton parfum
ton parfum est dans ma bouche ta bouche
est une cuisse une cuisse qui s'envole
elle s'envole vers mes dents mes dents
te dévorent je dévore ton absence
ton absence est une cuisse cuisse ou
soulier soulier que j'embrasse
j'embrasse ce soulier je l'embrasse sur
ta bouche car ta bouche est une bouche
elle n'est pas un soulier miroir que j'embrasse
de même que tes jambes de même que
tes jambes de même que tes jambes de
même que tes jambes tes jambes
jambes du soupir soupir
du vertige vertige de ton visage
j'enjambe ton image comme on enjambe
une fenêtre fenêtre de ton être et de
tes mirages ton image son corps et
son âme ton âme ton âme et ton nez
étonné je suis étonné nez de tes
cheveux ta chevelure en flammes ton âme
en flammes et en larmes comme les doigts de
tes pieds tes pieds sur ma poitrine

ma poitrine dans tes yeux tes yeux
dans la forêt la forêt liquide
liquide et en os les os de mes cris
j'écris et je crie de ma langue déchirante
je déchire tes bras tes bas
délirant je désire et déchire tes bras et tes bas
le bas et le haut de ton corps frissonnant
frissonnant et pur pur comme
l'orage comme l'orage de ton cou cou de
tes paupières les paupières de ton sang
ton sang caressant palpitant frissonnant
frissonnant et pur pur comme l'orange
orange de tes genoux de tes narines de
ton haleine de ton ventre je dis
ventre mais je pense à la nage
à la nage du nuage nuage du
secret le secret merveilleux merveilleux
comme toi-même
toi sur le toit somnambulique et nuage
nuage et diamant c'est un
diamant qui nage qui nage avec souplesse tu nages souplement dans l'eau de la matière de la matière de mon esprit dans l'esprit de mon corps dans le corps de mes rêves de mes
rêves en action

Inspirez-vous de Ghérasim Luca, en jouant notamment sur les répétitions et les enchaînements d'idées, pour écrire un texte à partir d'un de vos rêves nocturnes.

Ma maison de rêve

Une nuit, j'ai rêvé que je rentrais chez moi, en passant par les collines. Arrivé au-dessus de ma maison, j'apprécie ses formes douces dans ce paysage tout en rondeur. Je descends la pente qui mène à la terrasse puis j'entre par la grande baie vitrée. La pièce est éclairée par un puits de lumière qui ouvre le plafond sur le ciel. Je monte les escaliers pour gagner l'étage et je m'installe à mon bureau, dont le vaste plan de travail donne sur une large fenêtre. Je réalise alors qu'il s'agit d'un pare-brise de 2CV et que ma maison à la forme d'une baleine ! La baie vitrée qui donne sur la terrasse est sa bouche grande ouverte et le puits de lumière son évent.

À votre tour, décrivez votre maison de rêve !

Quelle est ma quête ?

Lisez le texte de cette chanson de Jacques Brel, La quête.

Rêver un impossible rêve
Porter le chagrin des départs
Brûler d'une possible fièvre
Partir où personne ne part
Aimer jusqu'à la déchirure
Aimer, même trop, même mal
Tenter, sans force et sans armure
D'atteindre l'inaccessible étoile
Telle est ma quête
Suivre l'étoile
Peu m'importent mes chances
Peu m'importe le temps
Ou ma désespérance
Et puis lutter toujours
Sans questions ni repos
Se damner
Pour l'or d'un mot d'amour
Je ne sais si je serai ce héros
Mais mon cœur serait tranquille
Et les villes s'éclabousseraient de bleu
Parce qu'un malheureux
Brûle encore, bien qu'ayant tout brûlé
Brûle encore, même trop, même mal
Pour atteindre à s'en écarteler
Pour atteindre l'inaccessible étoile

Et vous, quelle est votre quête ? Pour rédiger votre texte, vous pouvez éventuellement le nourrir de souhaits que vous avez évoqués précédemment.

Mes meilleurs cauchemars

Établissez une liste de vos pires cauchemars.
Puis lisez l'extrait ci-dessous de Ma terre est un fond d'océan, de Serge Lamothe – Mémoire d'encrier, 2016.

Pays sublime de porteurs d'eau
de crasse aimée
      de croûtes de sang
        de pères de nègres blancs

Pays matraque
formaté à l'égout des nations avortées
mon cri de possédé s'emballe

je remonte au cœur des troubles
à l'élection des princes libidineux
      une parodie patriotique
s'égare dans l'enculade des slogans

Pays de grandes pompes et de va-nu-culs
combien devront rester sans voix
devant ton saccage globalitaire ?

Pays d'errance
décomposé devant le miroir de ses vingt ans
des poches de résistance sous les yeux

des millions d'ancêtres se retournent
dans les champs en friche
sous les développements immobiliers
      les parkings et les centres d'achats
ils se relèvent grisés d'un écœurement surhumain
et retombent en poussières d'étoiles amnésiques

Tutoyez le lecteur et évoquez un monde de cauchemar en commençant votre texte par « pays de ».

Fragments

Pour jouer avec la synthèse et la concision, évoquez des miettes de rêves et de cauchemars en écrivant que des extraits, quelques souvenirs. C'est bien souvent le peu qu'il nous reste de nos aventures nocturnes.

Si nécessaire, piochez dans vos productions précédentes des mots, des phrases, des idées et les remanier, en faire des petits poèmes, comme des haïkus.

Ce que j'aimerais que ma réalité retienne de mes rêves

Lisez ce texte de Marlène Tissot, extrait de *Lame de fond* - La Boucherie Littéraire, 2016.

Portes de la Bretagne. J'enquille les kilomètres comme des verres de vin. L'ivresse douce du voyage me tourne un peu la tête.
Parfois, je rêve d'une vie en perpétuel mouvement. La peur, sans doute, de devenir un de ces objets qu'on finit par ne plus voir, lentement absorbés par le décor, recouverts de poussière. Peut-être me faudrait-il partir toujours, traverser l'existence comme on voyage, en s'allégeant de l'inutile. Ne conserver que l'essentiel : les souvenirs. Même les plus grands tiennent facilement dans les poches du cœur.

Quels sont les souvenirs qui tiennent dans les poches de votre cœur ?

Mon monde idéal

Lisez tout ce qui vous passe par la tête en pensant au mot « idéal ».

Puis, lisez le texte suivant de Christian Bobin, extrait de Noireclaire – Gallimard, 2015

J'ai vu un jeune boxeur jouer du piano. J'ai vu un œuf de caille dans l'herbe. J'ai vu un chat couvrir de brindilles la dépouille d'une souris. J'ai vu Mandelstam courir tout Moscou pour défendre cinq vieillards condamnés à mort. J'ai vu un assassin dont le cœur était un rubis. J'ai vu un pain trempé par la pluie appeler au secours. J'ai vu des liserons s'agripper à une barrière comme des prisonniers à leurs barreaux. J'ai vu un bébé offrir le trésor d'un gâteau écrasé dans sa main sale. J'ai vu la huppe maçonner son nid avec ses excréments blancs plus éblouissants que les paroles des ermites. Je n'ai jamais lu de définition satisfaisante de l'amour. Je n'en lirai jamais.

Écrivez une liste de « j'ai vu » pour décrire votre monde idéal, inspiré de la forme du texte de Christian Bobin et de votre liste de mots liés à « idéal ».

La poésie est une issue de secours
dans l'incendie du monde.

Benoît Houssier

Si je vous dis beauté, que me répondez-vous ?

Où est-elle ?

D'où vient-elle ?

Peut-elle s'installer dans notre quotidien ?

Du rêve à la réalité

- Listez des valeurs et des idéaux qui vous tiennent à cœur, vos vœux essentiels, ceux que vous aimeriez voir consolider le monde.

  Voici quelques exemples de valeurs et d'idéaux si nécessaire : courage, honnêteté, respect, loyauté, solidarité, justice, égalité, sincérité, bienveillance, liberté…

- Quels sont vos qualités, vos capacités, vos talents ?

  Vous pouvez compléter la liste suivante de qualités : malin, rapide, attentif, calme, ingénieux, astucieux, souple, imaginatif, agile, patient, prudent, sage, vif, adroit, généreux…

  Vous sentez-vous habile dans les domaines suivants ? Chanter, nager, danser, bricoler, cuisiner…

- Offrez-vous un texte évoquant vos compétences grâce auxquelles vous pouvez voir s'épanouir les valeurs qui vous sont chères.

Inventer un héros

Choisissez trois de vos qualités personnelles et associez-les à un animal puis à un objet. Ces éléments vous serviront à alimenter les images et métaphores pour enrichir votre texte.

Rédigez le portrait d'un personnage imaginé à partir de cette matière première.

Faites évoluer ce personnage dans un scénario de rêve. Définissez la situation dans laquelle il se trouve au début de l'histoire, les difficultés auxquelles il est confronté, les obstacles qu'il franchit, grâce à ses/vos talents et qualités, les amis et ennemis qu'il rencontre… Et prévoyez la résolution finale de son problème initial.

Listez les peurs et autres limites qui empêchent votre personnage de réaliser son rêve. Imaginez des solutions qui permettent à votre personnage d'avancer dans le scénario.

Si vous explorez cette piste à plusieurs, provoquez la rencontre entre vos personnages pour qu'ils créent quelque chose ensemble, qu'ils trouvent des idées pour résoudre leurs problèmes respectifs.

Traverser le miroir

Poser un autre regard sur soi, plus haut, plus loin, plus lucide ? Se regarder en face et libérer son regard sur soi... Et si vous osiez traverser le miroir ?!

Vous pouvez éventuellement vous inspirer du texte suivant.

Oser traverser

Si j'osais traverser le miroir
je fendrais mon reflet
zébrant l'image
et je volerais en mille éclats

L'autre m'accueillerait en face
enfin face à face
sans se soucier de la surface
qui nous sépare

Il serait content de me voir
enfin de me toucher
et de pouvoir me parler
lui qui n'a jamais osé

Moi je lui ai parlé parfois
dans ma tête
du bout des lèvres
ou à haute voix

You talkin' to me ?

Mais il n'a jamais répondu
Faut dire que reflet c'est un métier
des années de formation
cours de mime et de grimaces
réflexes et nerfs à rude épreuve
déontologie d'acier

Pas un cheveu qui dépasse
sinon c'est l'expulsion assurée

Alors pour la première fois
mon image se lâche
il saute dans tous les sens

Content de me voir ça c'est sûr
et de se détendre un peu surtout
parce que depuis tout ce temps
passé au bord de chaque miroir
sous la rive de chaque mare
en marge de chaque vitre
il n'en peut plus

Maintes fois il a failli craquer
me laisser seul face au vide

Mais un reflet n'abandonne pas
celui qu'il reflète

Approcher la vérité

Explorez la métaphore de l'arbre pour vous présenter. Évoquez d'où vous venez, vos racines ; où vous allez, votre tronc, votre axe et vos branches ; ce qui vous entoure, votre écorce, vos feuilles ; ce qui émane de vous, vos fleurs et vos fruits.

Approchez-vous d'un arbre, allez à sa rencontre, touchez-le – éventuellement les yeux fermés.

Notez vos sensations, les images qui viennent, les souvenirs, les projections…

Offrez-vous un moment d'écriture contemplative spontanée.

Puis piochez un mot ou une idée et extrapolez. Produisez un texte à partir de cet élément.

À la place on pourrait

Après avoir lu le texte suivant, composez un texte à partir de « le problème c'est… » et « à la place on pourrait… ».

Haïkus et blessures

Catac catoum
Catac catoum

Il la frappait trop
elle a pris cher dans sa peau
stop elle a dit stop

Catac catoum
Catac catoum

C'est la chanson du traintrain quotidien

Catac catoum
Catac catoum
Catac catoum
Catac catoum

Dieu ce jour-là était parti
occupé à d'autres mondes
sa femme lui avait dit pourtant
n'en fais pas trop
à trop en faire on fait moins bien
mais Dieu ne l'avait pas écoutée

d'toute façon tu m'écoutes jamais
d'toute façon tu m'écoutes plus

Catac catoum
Catac catoum
Catac catoum
Catac catoum

J'ai connu un afghanistanaisien
parti de chez lui
parce qu'il était persécussifié
discriminimisé
il a fui
pas l'choix
quitté sa terre
perdu sa planète
ils l'auraient tué sinon
comme les autres
le sol s'est dérobé sous ses pieds
fuite pas l'choix
no retour en arrière
fuite
en avant
là où Dieu voudrait bien d'lui
il est arrivé jusqu'ici
et après ?

Catac catoum
Catac catoum
Catac catoum
Catac catoum

Il était un arbre
Olivier
Ça peut vivre des centaines d'années
des siècles
mille ans
les racines au temps des lumières
les branches dans l'obscurantisme
Celui-là n'a pas eu le temps de compter
la valeur qui n'atteint pas le nombre des années
Il avait été planté en signe de paix
Pas compliqué
Pas plus pacifiste qu'un arbre
rien de moins belliqueux
tout le monde est d'accord là-dessus
musulcathoboudhijuistes

Tous d'accord
cuilà avait été planté
pour mémoriser un homme
torturé à mort

Tous d'accord ?
Non
Fait chier
L'olivier s'est fait scier

Catac catoum
Catac catoum

Un autre sera replanté
mais les autres ?

Catac catoum
Catac catoum
Catac catoum
Catac catoum

À la place on pourrait mettre
de la musique un cosmopunkclassique
avec des cuivres rutilants
des cordes sensibles
des tablas endiablées

Catac catoum
Catac catoum

À la place on pourrait lâcher
des bulles de savon
et des graines de pissenlits
ça vaudrait bien
toutes les prières du monde

Catac catoum
Catac catoum

À la place on pourrait laisser couler
la rivière transparente et pure
sans balancer nos merdes dedans

Catac catoum
Catac catoum

À la place on pourrait
s'envoler dans un éclat de rire
comme si le temps n'existait pas

Catac catoum
Catac catoum

À la place on pourrait
Catac catoum
Catac catoum
Catac catoum

Utopie

Je vous invite à lire ce poème d'Aimé Césaire.

Prophétie

là où l'aventure garde les yeux clairs
là où les femmes rayonnent de langage
là où la mort est belle dans la main comme un oiseau sai-
son de lait
là où le souterrain cueille de sa propre génuflexion un luxe
de prunelles plus violent que des chenilles
là où la merveille agile fait flèche et feu de tout bois

là où la nuit vigoureuse saigne une vitesse de purs végétaux

là où les abeilles des étoiles piquent le ciel d'une ruche
plus ardente que la nuit
là où le bruit de mes talons remplit l'espace et lève à
rebours la face du temps
là où l'arc-en-ciel de ma parole est chargé d'unir demain à
l'espoir et l'infant à la reine,

d'avoir injurié mes maîtres mordu les soldats du sultan
d'avoir gémi dans le désert d'avoir crié vers mes gardiens
d'avoir supplié les chacals et les hyènes pasteurs de cara-
vanes

je regarde
la fumée se précipite en cheval sauvage sur le devant de la
scène ourle un instant la lave de sa fragile queue de paon
puis se déchirant la chemise s'ouvre d'un coup la poitrine
et je la regarde en îles britanniques en îlots en rochers dé-
chiquetés se fondre peu à peu dans la mer lucide de l'air
où baignent prophétiques

ma gueule
>   ma révolte
>   mon nom.

Suivant l'inspiration prophétique de ce poème, sa richesse métaphorique, son rythme particulier, ses évocations si sensorielles, et nourri de votre révolte, écrivez votre propre utopie.

Avant-propos..4

Écriture spontanée..10

La valse des émotions..12

Sentiments surréalistes..13

Écrire au présent..14

Photolangage de printemps..18

Partir en balade..19

Marcher pour ressentir..20

Quitter l'hiver...21

Ménage de méninges..22

À fleur de peau...23

Éclosion d'émotions...26

Dans les replis de la créativité....................................27

Portrait métaphorique...28

Pépites...28

Métamorphose..29

Roue des émotions..32

Amour...33

La couleur de l'impatience...36

Absence..38

Tristesse..41

Peur..50

Colère...52

En route pour la joie................................57

Vers l'imaginaire.....................................60

Ode à l'été..61

Un menu de rêve.....................................64

Questions-réponses surréalistes................65

Au fil de la nuit j'ai rêvé..........................66

Où vont nos rêves ?..................................67

Le rêve en action.....................................69

Ma maison de rêve..................................71

Quelle est ma quête ?...............................72

Mes meilleurs cauchemars........................73

Fragments..74

Ce que j'aimerais que ma réalité retienne de mes rêves....75

Mon monde idéal....................................76

Si je vous dis beauté, que me répondez-vous ?...................78

Du rêve à la réalité..................................79

Inventer un héros....................................80

Traverser le miroir..................................81

Approcher la vérité..83

À la place on pourrait..84

Utopie..88

Les émotions font partie de ma vie depuis mon enfance. D'un côté de ma famille, elles sont naturellement exprimées, moins de l'autre. J'ai observé cette différence chez plusieurs de mes contemporains. Je la retrouve dans la musique, auprès de nombreux artistes, auprès de tout le monde en réalité. C'est sans doute une de nos sources de motivation à vivre ensemble et une de nos bases de communication. Partager nos rires et nos larmes, nos craintes et nos coups de gueule. C'est un point commun entre mon activité de biographe et les ateliers d'écriture que j'anime. Lorsque des particuliers ou des entreprises me confient leur histoire, leurs passions, ils le font souvent avec émotion. De même, en atelier d'écriture, nous partageons souvent nos ressentis. Ces échanges nous offrent une culture commune. Un petit coup de pouce pour mieux appréhender la vie.

Du même auteur :

Empreintes, recueil de nouvelles - novembre 2017
Éditions BoD - Books on Demand
ISBN : 978-2-322-10014-9

Mémé Justice, petit roman policier
novembre 2018 - Éditions BoD
ISBN : 978-2-322-08999-4

Libérez la page blanche ! Jeux d'écritures
novembre 2018 - Éditions BoD
ISBN : 978-2-322-16618-3

Pulsions textuelles
juillet 2023 - Éditions BoD
ISBN : 9782322486649

Livres jeunesse :

Quête à rebours, un conte presque merveilleux
août 2019 - Éditions BoD - à partir de 9 ans
ISBN : 978-2-322-03201-3

Sauvetage, illustré par Michèle Caranove
novembre 2020 - Éditions BoD - à partir de 8 ans
ISBN : 978-2-322-27440-6

Interdit de rêver, dystopie fantastique
juin 2021 - Éd. BoD - à partir de 10 ans
ISBN : 978-2-322-26922-8

Poésie :

Peu avant l'ombre, poésies et proses libres
édité à compte d'auteur par Benoît Houssier
illustré par Maud Morel et imprimé en 90 exemplaires
par Scopie à Toulouse - Novembre 2021

Du temps à l'espace
Imprimé à compte d'auteur par Benoît Houssier
illustré par Maud Morel et imprimé en 90 exemplaires
sur papier PEFC par Pixartprinting - Novembre 2022

Merci aux autrices et auteurs qui ont autorisé l'utilisation d'extraits de leurs textes dans cet ouvrage.

Émotions écrites
Imprimé à compte d'auteur
par Benoît Houssier
Relecture : Nelly Nivoix, Agence NN
© 2023 Benoît Houssier
Édition : BoD - Books on Demand, info@bod.fr
Impression : BoD – Books on Demand,
In de Tarpen 42, Norderstedt (Allemagne)
Impression à la demande
ISBN : 978-2-3225-1822-7
Dépôt légal : Décembre 2023